AF324541

EXTRAIT DES BULLETINS ET MÉMOIRES DE LA SOCIÉTÉ MÉDICALE DES HÔPITAUX
DE PARIS

NOTICE SUR LA VIE

ET LES ÉCRITS

DE M. RATHERY

Médecin de l'hôpital Tenon

PAR

M. LE DR RENDU

PARIS

G. MASSON, ÉDITEUR

LIBRAIRE DE L'ACADÉMIE DE MÉDECINE

120, BOULEVARD SAINT-GERMAIN

1885

De la part de Madame Pleyel Pinatte

Notice sur la vie et les écrits de François-Roger Rathery, médecin des hôpitaux (1842-1884), par M. H. Rendu, agrégé, médecin de l'hôpital Necker.

Messieurs, quelques mois à peine se sont écoulés depuis la mort de notre collègue Georges Homolle : et voici qu'un nouveau malheur est venu enlever à la Société médicale des hôpitaux un autre de ses membres, également jeune, également actif, qui promettait pour l'avenir une ample moisson de travail.

François-Roger Rathery n'appartenait pas immédiatement à la famille médicale, comme Homolle ; mais il sortait, lui aussi, de cette bourgeoisie studieuse et littéraire, qui a fourni, et qui fournit tous les jours, des générations de Parisiens d'élite. Son père, l'éminent bibliothécaire de la Bibliothèque nationale, le destinait à devenir son collaborateur dans les recherches d'érudition historique auxquelles il avait consacré son existence, et il s'était appliqué à lui donner, dès son enfance, une forte éducation littéraire. A cette époque, notre collègue était un élève studieux, réfléchi, rachetant par une ténacité singulière une certaine lenteur de travail, et au demeurant, réussissant, grâce à une volonté énergique, à devenir l'un des lauréats du lycée Louis-le-Grand et du concours général.

Cependant, malgré ses succès, Rathery ne sentait pas s'éveiller en lui la vocation des lettres, et il était moins attiré vers la carrière paternelle que vers la médecine. La science convenait mieux à son esprit naturellement sérieux et à sa maturité précoce ; aux travaux intellectuels spéculatifs il préférait un genre d'études plus positives et plus pratiques. Il avait, d'ailleurs, pour le guider dans cette voie, l'exemple de son oncle, médecin distingué, qui, jusqu'à un âge avancé, avait conservé intact l'amour de son art et qui transmettait à son entourage son ardeur communicative. Un beau jour donc, trompant les espérances d'une partie de sa famille, le futur normalien déclara qu'il optait pour la médecine, et avec l'assentiment de son père s'engagea résolûment dans la carrière.

Les études médicales sont longues ; tous ceux qui ont parcouru la route qui mène aux concours supérieurs, savent combien elle est rude et laborieuse. Pendant cette série d'années qui commence à la première inscription, pour finir au Bureau central, les hommes les plus distingués n'ont pas d'histoire. La vie de Rathery, dans cette période de dix ans, se résume en un labeur persévérant et la monotonie de cette existence n'est soutenue que par l'amour de l'étude et par la conscience du devoir accompli. Ses différents maîtres dans les hôpitaux, devenus tous plus tard ses amis, se plaisent à reconnaître dès cette époque les qualités maîtresses de leur futur collègue, un jugement sûr et droit, un sens critique remarquable, une égalité et une puissance de travail qui assurent l'avenir. Aussi, dès son internat, est-il associé aux travaux de ses maîtres : M. Gueneau de Mussy lui confie la rédaction d'une partie de ses leçons cliniques ; M. Roger le fait collaborer à ses recherches sur les maladies de l'enfance.

C'est dans le service de ce maître éminent que Rathery recueille les éléments de son premier travail scientifique personnel, sa thèse inaugurale. Le sujet qu'il avait choisi était difficile. Frappé de la complexité des symptômes que présentent les tumeurs de l'abdomen chez les enfants, il avait entrepris de les grouper dans une étude d'ensemble, qui avant lui n'avait jamais été tentée. Ainsi du premier coup se manifestait la tendance d'esprit de notre collègue ; tout en serrant de près les faits cliniques, il aimait à les faire rentrer dans les lois de la pathologie générale. Cet essai de séméiotique, forcément incomplet, n'en marque pas moins une date dans l'histoire des tumeurs, car on y voit mise en relief, mieux qu'on ne l'avait fait jusqu'alors, la grande fréquence du cancer du rein chez les jeunes enfants, en opposition avec son extrême rareté chez les adultes ; tandis que, par contre, la plupart des tumeurs de l'estomac et de l'intestin, si communes après la cinquantaine, sont à peu près inconnues dans l'enfance.

La thèse de Rathery date de 1870 ; quelques mois plus tard éclatait la guerre entre la France et la Prusse, et les études intellectuelles étaient brusquement troublées par le bruit des armes. Un des premiers, notre collègue offrit son concours, et s'engagea spontanément dans le service des ambulances actives, sans écouter autre chose que son patriotisme, et sans songer aux atteintes qu'une aussi rude campagne pourrait causer à sa santé déjà ébranlée. Dès 1868, en effet, pendant son année d'internat à l'hôpital Saint-Louis, une première crise de rhumatisme aigu avait profondément altéré la constitution de Rathery et l'avait laissé souffrant, marchant avec peine, anémique et débilité. Les souffrances physiques et morales ressenties pendant l'hiver de 1870-1871, dans les ambulances de l'armée de la Loire, aggravèrent singulièrement son mal, et transformèrent en un état chronique l'affection qui jusqu'alors procédait par poussées aiguës, lui laissant de longs intervalles de calme.

C'est ici, Messieurs, que se montrent dans toute leur plénitude l'énergie et la ténacité laborieuse qui faisaient le fond du caractère de notre collègue. Forcé de s'occuper de sa santé à un âge où d'habitude le corps résiste aux fatigues et au surmenage sans fléchir ; obligé de passer presque chaque année un ou plusieurs mois dans une inaction douloureuse, notre collègue eût pu croire sa tâche de travailleur suffisamment remplie par les études brillantes de son internat. Mais il a des visées plus hautes, et conscient de sa valeur, il prépare, entre deux attaques de rhumatismes, ces concours épuisants qui s'appellent le Bureau central et l'agrégation, et dont les plus vigoureuses organisations sortent fatiguées, souvent vieillies avant le temps.

Dès 1872, il se présente une première fois à l'agrégation, et est admis à faire les épreuves définitives. Sa thèse, sur la pathogénie de l'œdème, témoigne d'une rare maturité d'esprit, et d'une connaissance approfondie de la physiologie expérimentale.

Dans cette question qui depuis quinze ans a été si complètement remaniée et transformée, il se range résolûment parmi les partisans de l'influence du système nerveux sur les troubles vaso-moteurs, et relègue au second plan les causes mécaniques qui jusque-là étaient considérées comme prépondérantes, sinon comme exclusives. Depuis lors, la connaissance des œdèmes localisés, dans certaines névroses comme le goitre exophthalmique, ou dans les maladies diathésiques comme la goutte ou le rhumatisme, est venue confirmer l'exactitude des opinions de Rathery, et, si l'on peut contester l'opposition qu'il avait cru devoir établir entre l'anasarque et l'œdème, on ne saurait méconnaître qu'il y a encore aujourd'hui bien peu de chose à changer aux conclusions générales de son travail.

Trois ans plus tard, nous le retrouvons frappant de nouveau à la porte de l'agrégation dans des conditions plus défavorables encore, car c'était en pleine crise de rhumatisme que s'ouvrait pour lui la lutte. Ses amis le dissuadaient d'affronter des fatigues aussi considérables ; il persista quand même, et je ne puis me rappeler sans émotion que le jour de l'argumentation de sa thèse, il fallut apporter le courageux candidat, incapable de se soutenir autrement que par un effort d'énergie peu commune. De ce concours, il ne recueillit pas le titre d'agrégé, mais son travail sur les accidents de la convalescence restera comme un excellent chapitre de pathologie générale, où, après avoir exposé les phases du retour normal de la santé, les phénomènes chimiques qui succèdent à la chute de la fièvre, il aborde successivement les différentes complications qui s'opposent à ce travail régulier de la nature.

Ces retards successifs dans la carrière ne décourageaient pas notre collègue ; il savait que la ténacité persévérante force les obstacles et il se sentait suffisamment armé pour être sûr que le succès viendrait à son heure. Entre temps, il se livrait à des recherches d'érudition médicale, qui rappelaient les traditions de sa famille, et, tandis que son père exhumait la vérité historique de la poussière des vieilles chartes, lui, de son côté, retrouvait dans les anciens auteurs bien des vérités considérées comme des découvertes de la science contemporaine.

Le souvenir de ces études de critique et d'histoire de la médecine est consigné dans un très substantiel mémoire sur la fièvre typhoïde, présenté en 1877 à la Société médicale d'émulation. Rathery trace de main de maître, non seulement l'historique de la question, mais celui des doctrines, et montre que, bien avant Broussais, les auteurs qui avaient le mieux vu et décrit les lésions intestinales de cette maladie, comme Petit et Serres, l'avaient envisagée bien plutôt comme un empoisonnement que comme une maladie inflammatoire, faisant ainsi d'avance justice des exagérations de l'École physiologique.

En 1879, la persévérance de Rathery fut couronnée de succès et un brillant concours lui ouvrit les portes du Bureau central. Il avait alors trente-sept ans ; son union avec la fille d'un de nos confrères les plus estimés, le docteur Dequevauviller, comblait tous ses vœux de bonheur domestique et il voyait avec joie grandir sa jeune famille ; seule, sa santé, toujours chancelante, lui faisait parfois faire de tristes retours sur lui-même et le préoccupait pour l'avenir, en doublant pour lui les fatigues professionnelles.

L'ère des concours était passée, mais non celle du travail. Devenu médecin des hôpitaux, Rathery continue plus que jamais à poursuivre ses recherches scientifiques. Membre assidu de la Société médicale, il ne néglige aucune occasion d'y communiquer les faits rares de sa clientèle et de son service hospitalier. A propos d'une malade qui rejetait du sang après chacune de ses attaques de nerfs, il reprend l'histoire des hémorrhagies dites supplémentaires, et prouve qu'à côté de celles qui dépendent d'une sorte de processus congestif général, il en est d'autres, et en plus grand nombre, qui tiennent à une paralysie vaso-motrice, à une sorte d'épuisement nerveux local. C'est là une contribution importante à la question si obscure et si discutée des hémorrhagies d'origine nerveuse.

Dans une autre communication, presque contemporaine de la précédente, il signale la coexistence, chez le même individu, de la présence des cysticerques et du *Tænia solium*, soulevant ainsi un intéressant problème d'histoire naturelle, qui n'a pas encore reçu sa solution définitive.

Enfin, l'an dernier, il publie une Note importante sur l'isolement des varioleux et les moyens pratiques d'empêcher la dissémination du mal. Il fait voir que le véritable moyen d'enrayer la contagion consiste à isoler non seulement les varioleux en pleine éruption, mais surtout pendant leur convalescence et aussi à l'époque de l'invasion, où le diagnostic est si souvent obscur. Comme corollaire pratique, il demande deux choses : la création d'une salle d'attente dans les hôpitaux pour les cas suspects, et la revaccination obligatoire de tout le personnel médical et administratif dans les services de varioleux. Ces mesures, depuis la communication de Rathery, ont été officiellement adoptées.

Tous les travaux de notre collègue sont marqués au coin du bon sens et de la saine critique, et présentés dans une langue claire, sobre et élégante ; ces qualités de premier ordre font d'autant plus regretter la disparition prématurée de leur auteur.

Notre pauvre ami, en effet, ne devait pas jouir longtemps de cette situation enviée qu'il devait à son travail. De mois en mois, le service hospitalier et les fatigues de la clientèle lui devenaient plus pénibles ; il sentait ses forces faiblir, mais ne voulait rien diminuer de sa tâche. Véritable médecin, aimant passionnément sa profession, il tenait à faire son service quand même, et il ne consentit jamais à demander un congé que l'état de sa santé rendait de plus en plus indispensable. Ceux de ses collègues de l'hôpital Tenon ne se rappellent pas sans tristesse la peine qu'il avait à gravir les degrés qui conduisaient à ses salles, pas plus qu'ils ne peuvent oublier le zèle et le dévouement avec lequel il se prodiguait à ses malades. On peut dire de lui qu'il est mort sur la brèche : trois semaines avant sa fin, il faisait encore sa visite quotidienne, malgré une enflure des jambes, qui s'accentuait tous les jours, et dont moins que tout autre il méconnaissait la redoutable signification.

Rathery était avant tout l'homme du devoir. Sincèrement religieux, naturellement bon et droit, il apportait dans ses relations avec ses collègues une aménité parfaite, et tout le monde estimait sa haute valeur morale. Ses clients lui étaient profondément attachés, ayant tous éprouvé, dans mainte circonstance, l'étendue de son dévouement et la délicatesse de ses soins ; peu de médecins ont été aussi sincèrement regrettés de leur clientèle. Dans son intérieur, c'était le père de famille le plus heureux de son bonheur domestique, le plus apte à jouir des progrès de ses trois enfants.

Lorsqu'il se sentit frappé, il n'eut pas un instant d'illusion, et mesura d'un seul coup d'œil, non sans amertume, la grandeur du sacrifice qu'il avait à faire. Mais sans murmurer, et avec la fermeté calme qu'il apportait à tous les actes de sa vie, il accepta l'épreuve et mourut comme il avait vécu, simplement et religieusement. Il laisse à sa veuve et à ses enfants le plus précieux des héritages, celui d'un nom respecté et d'une mémoire intacte.

BOURLOTON. — Imprimeries réunies, A, rue Mignon, 2, Paris.

10

BOURLOTON. — Imprimeries réunies, A, rue Mignon, 2, Paris.